RED.:

21

graphicom

MIRE ISO N° 1
NF Z 43-007
AFNOR
Cedex 7 - 92080 PARIS-LA-DÉFENSE

PREMIÈRE ÉDITION

LOUIS BEYSSON

UN FILS DU CHRIST

(Combats!)

PARIS

E. DENTU, ÉDITEUR

LIBRAIRIE DE LA SOCIÉTÉ DES GENS DE LETTRES

PALAIS-ROYAL, 15-17-19, GALERIE D'ORLÉANS

—

1886

UN FILS DU CHRIST

Lyon. — Imprimerie Mougin-Rusand, rue Stella, 3.

UN FILS DU CHRIST

(Combats!)

> « Après avoir cherché Dieu
> en tout, je l'ai trouvé en moi. »
> St-Augustin.

PARIS

E. DENTU, ÉDITEUR

LIBRAIRIE DE LA SOCIÉTÉ DES GENS DE LETTRES

PALAIS-ROYAL, 15-17-19, GALERIE D'ORLÉANS

1886

Droits de traduction et de reproduction réservés

A Paul REYNAUD

—

Lien d'amitié.

PRÉFACE

J'ai voulu dans ces dialogues montrer, sous une forme rapide et synthétique, le tableau d'une âme contemporaine avec ses éléments complexes et contradictoires. Le JEUNE HOMME représente les appétits sensuels, l'ARTISTE le dilettantisme, le PHILOSOPHE le pessimisme, le CHRÉTIEN est un dogmatique.

Ces personnes hétérogènes se combattent dans l'âme assoiffée d'idéal, sensible et perplexe, et en qui se croisent toutes les sensations de la vie. Mais, peu à peu, son évolution s'accomplit. Enfin, Madeleine repentante, qui a sottement gaspillé ses trésors, verse ses parfums les plus purs aux pieds du Seigneur?

Le 2 Février 1886.

PERSONNAGES :

<table>
<tr><td>Le jeune homme</td><td>LES APPÉTITS, ETC.</td></tr>
<tr><td>L'artiste</td><td>LE DILETTANTISME</td></tr>
<tr><td>Le philosophe</td><td>LE PESSIMISME</td></tr>
<tr><td>Le chrétien</td><td>LE DOGMATISME</td></tr>
<tr><td>L'âme</td><td>SANS ATTRIBUTS</td></tr>
</table>

PROLOGUE

LE CHRÉTIEN

Ta vie est devant toi. C'est une feuille sans tache; rien de ce que tu vas y écrire ne pourra s'effacer.

L'AME

Qu'est-ce que j'éprouve? Est-ce autre chose qu'un caprice de l'imagination ou des sens? — Je pense pendant de longues heures pour affermir ma foi chancelante et, quand je crois m'être assuré la vérité, voilà qu'un doute vient renverser tout mon édifice et je me trouve entourée de ruines. — Je veux agir et j'hésite. Pourquoi?

LE PHILOSOPHE

Tu as perdu la foi de ton enfance; maintenant il te faut une formule qui préside à chacune de tes pensées, qui serve de base à ton jugement et tu n'en trouves pas d'absolue. Ce qui te semblait évident une heure auparavant te semble avoir la même évidence en sens contraire. Voilà la cause de ton trouble. Cependant, pense toujours librement : penser librement c'est respirer à pleins poumons. Bientôt tu seras récompensée de tes souffrances : possédant les *idées*, tu posséderas tout et la longueur des heures te semblera délicieuse.

L'ARTISTE

L'ardeur de mon imagination m'ôte toute constance dans mes entreprises; ce que je puis faire de réel me paraît si faible quand je le compare aux créations de mes rêves ! Comment, après avoir vu la lumière belle et pure, poursuivre un faible rayon ! Je voudrais qu'une même âme pût animer plusieurs corps pour embrasser à la fois toute la vie !

LE PHILOSOPHE

Si nous pouvions embrasser d'un regard ce qui se passe dans le monde, nous mourrions d'horreur !

L'ARTISTE

Oh ! visions ! — Un acteur se farde dans sa loge ; un blessé agonise sur son lit d'hôpital ; les feuilles mortes valsent dans les allées du cimetière ; dans les cafés, la fumée s'enroule gaiement autour des lustres ! Et ma fantaisie voit partout dans les tableaux de la vie moderne les grandes scènes bibliques. — Le gémissement de la ville semble grandir avec les vents d'automne, porte-voix des détresses ; tantôt, dans les horizons blafards, les nuages flottent comme de longs crêpes autour de la lune pâle ;

tantôt elle m'apparaît, entre les flèches den-
telées de la cathédrale, large et brillante
comme une immense hostie. — Alors, je bois
le charme de la nuit, la grande inspiratrice ;
j'adore le silence et, dans le sommeil, voile
léger jeté sur les visions de mon âme, mon
imagination, mêlant toutes les couleurs de sa
palette, en tire des tons imprévus, des ébau-
ches étranges et fantastiques.

LE JEUNE HOMME

Ne pourrai-je jamais répandre ce flot de
tendresse dont brûle mon cœur ? J'ai cons-
tamment devant les yeux une vision d'une
douceur féminine, au regard attachant, à l'at-
titude fière et libre.

L'AME

Quand je songe à notre condition sur la
terre, à nos infortunes, à notre impuissance
à retenir près de nous ceux qui nous sont

chers, à les aimer tous à la fois avec une force toujours nouvelle, je m'abîme dans de telles méditations, la pensée de l'Infini m'accable à tel point que je reste confondue. — Oh! misère! Tout à l'heure, j'ai dit du mal d'un homme que j'estime et que j'aime, que je serais désolée d'offenser, et tout cela sans motif, mais de gaieté d'âme. — Décidément, je ne suis pas *une*; mais je suis un cahos de pensées et de désirs!

LE CHRÉTIEN

Vaisseau battu par les vents contraires, regarde ce phare qui luit au loin, tantôt apparaît et tantôt disparaît pour te montrer le port. — O mon Dieu, vous en qui j'espère, admettez-moi dans votre refuge! Me condamnerez-vous à voir mes efforts sans cesse anéantis? Mon Dieu, mon Maître, vous qui m'avez créé et avez soufflé dans mon corps

une partie de vous-même, ne laissez pas
s'éteindre la lampe que vous avez allumée en
moi et qui brûle pour vous. — Que sa clarté
soit calme et pure et qu'elle brille pour éclai-
rer la route qui conduit vers vous !

LES VOYAGES

L'AME

.... Voilà donc la maison où s'est écoulée
mon enfance, le grenier où je jouais avec
mon frère. De la fenêtre, on découvre tout le
vallon noyé dans la brume ; les girouettes
grincent à de longs intervalles et la pluie
tombe doucement sur les tuiles du toit...; les
hirondelles, perchées sur la dernière branche
morte de l'ormeau, se sont envolées en déchi-
rant de leurs ailes aiguës l'air brumeux...
Mon berceau est là comme une petite nacelle
abandonnée.....

Quand j'étais enfant, le soir, avant de
m'endormir, je faisais de longs voyages à

travers le monde; avec la rapidité de la pensée, je me transportais d'une cité allemande, au vieux pont où s'engouffrait une rivière noire, dans un jardin enchanté de l'Espagne ou de l'Italie. Je naviguais sur des mers éclatantes et j'abordais par une nuit splendide sous les murs de quelque ville d'Orient avec ses maisons blanches, ses pavillons, ses arbres et ses fleurs, dont j'ignorais les noms; puis le sommeil me surprenait sur la terrasse d'un palais dominant un port plein de vaisseaux et je m'endormais aussi heureux que si la terre ne renfermait pas un malheureux ! . . . .

Adieu ! quel mot terrible ! Adieu ! Un serrement de mains et c'est tout....... Ma mère, pourquoi ne t'ai-je pas embrassée plus tendrement ? — Pauvre mère, elle était si heureuse et je ne répondais pas à ses tendresses; son âme douce aurait voulu s'ouvrir et moi, cruelle,

je ne voulais rien sacrifier de mon misérable
orgueil à celle qui s'est imposé pour moi tant
de peines, et qui a su si bien partager toutes
mes joies. Quand je suis partie, la lampe
familiale éclairait doucement ton visage plein
de douceur et de confiance ; pourquoi ne me
suis-je point retournée ? J'aurais vu une fois
encore tes traits si divinement bons. Ma
mère, tu es le génie de la bonté ; ma mère,
ton cœur est près de Dieu !

. . . .

. . . .

L'ARTISTE

La voiture roule sur le pavé boueux avec
des ombres fuyantes ; les boutiques, les magasins, les coins de rue connus défilent dans
la nuit..... Aux abords de la gare, c'est une
pluie de feux : rubis, topazes, émeraudes. —
Ici, sous les arceaux vitrés retentissants
comme ceux d'une cathédrale de fer, c'est la

poésie du noir et de la fumée, l'odeur de la
houille.... Les grands souffles du vent empor-
tent des cris de détresse et des adieux déses-
pérés..... En wagon ! Le train prend son galop
de fer, — la lampe vacille, des clartés passent
comme un trait, les usines disparaissent
comme de grands vaisseaux toujours à l'ancre
et là-haut les étoiles scintillent, clartés d'une
ville aérienne, — le fleuve apparaît comme un
rail immense.

L'AME

Cette perception confuse de la vitesse me
trouble délicieusement. Il me semble que
nous glissons vers l'infini.

L'ARTISTE

Quand le train s'arrête, au vacarme cadencé
des roues succède un silence étrange, — on
entend courir sur le gravier, — le vent gémit
dans les fils du télégraphe, cordes d'une

harpe immense..., un chien aboye au loin
dans la campagne....., le jour blêmit ; dans le
cadre de la glace, défilent les paysages désolés
du midi, — les cyprès comme de noirs batail-
lons échelonnés. — Au milieu de la plaine,
un grand peuplier solitaire, sur les hauteurs
des châteaux tristes comme un souvenir, —
un oiseau fuit dans le ciel. — Parfois, les pins
qui bordent la voie forment une voilette sur
le visage de la campagne souriante au soleil
levant.

LE PHILOSOPHE

Il est triste d'arriver où personne ne vous
attend !

L'ARTISTE

Une chambre d'hôtel : de vieux meubles
en velours grenat, un jour chassieux tombant
du haut d'une cour, un bruit de vaisselle....;
une table d'hôte : des oranges, lingots d'or,

des olives bronzées et des garçons en habit
noir.

LE JEUNE HOMME

Dans la solitude de cette chambre, les souvenirs les plus tendres et les plus lointains
viennent m'accabler. Il fut un temps où, au
réveil, je ne me trouvais pas seul dans ma
chambre, où j'avais un compagnon, un ami,
le meilleur de tous, un frère ! Ce frère n'est
plus ! Les premières paroles que j'entends au
réveil ne sont plus les siennes, quand il m'é-
veillait en venant m'embrasser et me deman-
dait si j'avais fait un beau rêve. Le temps
délicieux de mon enfance est donc passé pour
toujours ; les dimanches, après midi, nous
allions dans la campagne partager les mêmes
émotions de joie ; je ne puis retourner dans
ces bois et ces vallons que nous avons par-
courus ensemble.

L'AME

Partons ! Partons !

. . . .

. . . .

L'ARTISTE

La mer ! c'est un grand lit sous un dais de
nuages roses. Cette petite barque noire relève
son éclat : ainsi d'une mouche sur la joue
d'une jolie femme. — La nature fait la sieste
et les fleurs sont les rubans épars de la grande
coquette. — Comme elle sommeille bien dans
ces jardins, boudoir parfumé ! Quand les
arbres soulèvent leurs rameaux pendants
comme un beau bras, on dirait qu'un rêve
l'agite... La voilà qui s'éveille : les vagues se
brisent sur la plage avec une voix de me-
nace ; les équipages passent, emportant des
femmes qui n'écoutent pas cette voix ; — des
pêcheurs jettent leurs filets dans le golfe.

LE PHILOSOPHE

La pensée délirante passera. Un jour viendra où ces femmes seront plus malheureuses
que le pauvre pêcheur dans sa barque !

L'ARTISTE

Si ma voix, semblable aux vagues contre
les rochers, pouvait retentir au loin !

LE PHILOSOPHE

Le monde est plus dur et plus insensible
qu'un rocher. — Les heures de solitude et
d'obscurité ne sont-elles pas les plus douces?
Pourquoi chercher la gloire ?

L'AME

Allons ! Plus loin ! Toujours plus loin !

LE JEUNE HOMME

Italie ! Italie ! Vive tes villes de plaisirs !

L'ARTISTE

Tes musées, catacombes de la beauté, sont
tristes, mais un rayon de ton beau soleil se

reflète dans le regard de tes femmes, vivant miroir !

LE JEUNE HOMME

Je ne puis oublier cette étrangère entrevue hier sur une terrasse. — Il y avait en elle tant de jeunesse et de franchise quand, voyant venir un jeune homme qu'elle attendait, elle lui prit la main et l'embrassa! Peut-être va-t-il la quitter? Peut-être va-t-il partir sur un de ces vaisseaux qui sont là rangés dans le port? Peut-être est-il venu lui faire ses adieux et ne la reverra-t-il jamais? Je ne puis oublier cette femme.

LE PHILOSOPHE

Regarde et passe.

.   .   .   .

L'ARTISTE

Les cimes des Apennins se perdent dans les brouillards. — Il me tarde de revoir le soleil, le ciel bleu. — Mais il semble que ce voile humide qui pèse sur la campagne ne pourra jamais se déchirer.

LE PHILOSOPHE

Ainsi, quand notre cœur est plein de tristesse, nous ne croyons pas qu'il puisse encore s'ouvrir à la joie. Patience ! Tu reverras le soleil, tu souriras encore !

. . . .

L'ARTISTE

Un lac au pied des Alpes ! Nous sommes arrivés sur ses bords en traversant une prairie encore humide de rosée. — Notre barque s'éloigne déjà du rivage et l'on entend à la proue le babillage de l'eau dont l'immobilité n'est troublée que par notre sillage et les sauts de petits poissons qui brillent dans l'ombre. — Tout autour du lac les arbres forment les gradins d'un cirque immense et

les sapins, spectateurs géants, plus noirs sur
les gros nuages blancs, élèvent dans le ciel
leurs bras émus.

A la chaleur de midi, nous abordons dans
une anse paisible vers un chalet. L'eau ruis-
selant de tous les rochers brille au soleil ; une
cascade bouillonne, fouette les branches basses
des arbustes et, serpentant à travers les sau-
les, va, plus loin, faire tourner la roue d'un
moulin........

LE JEUNE HOMME

Je me suis endormi au gazouillement de ce
ruisseau... Semblable à ce pâtre qui chaque
nuit se croyait roi, j'ai rêvé que j'étais aimé.

LE PHILOSOPHE

Voilà donc cette vie de liberté tant désirée
dans l'inaction des journées d'étude ; voilà
ce bonheur d'une vie errante passée en plein
air à écouter le bruit voluptueux de l'eau qui

tourbillonne sous la rame, à calmer le trouble d'une âme qui s'ouvre à la vie, à endormir le délire d'une imagination qui ne peut rester dans les limites du réel.

L'ARTISTE

Le jour baisse ; les ramures prennent des tons bruns embrasés ; le disque du soleil se balance dans la profondeur des vagues. — J'ai vu près du rivage une rose qui flottait à l'abandon et je l'ai prise dans ma main ; mais les pétales se détachant tombèrent sur le sable en de grosses gouttes de sang ! — Les Alpes semblent une muraille d'argent, qui supporte le dôme étoilé de la nuit, et l'on entend au loin la musique d'un bal.

LE JEUNE HOMME

C'est l'heure où, là-bas dans la vieille ville brumeuse, ma mère qui veille songe au passé et s'inquiète pour l'avenir.

L'AME

Je suis triste. — Je veux revoir la ville qui renferme, gravé dans ses pierres, le poème de mon enfance.

. . . .

LE JEUNE HOMME

Ah! voilà les paysages connus, mon cœur se retrouve.......

LE PHILOSOPHE

Non ubi animat, sed ubi amat.

LA DÉBAUCHE

LE JEUNE HOMME

Je suis las de rêver, je veux vivre !

LE CHRÉTIEN

Tu vas souffrir !

LE PHILOSOPHE

Souffrir c'est vivre !

L'ARTISTE

Le crépuscule bleuit la mousseline des rideaux et les façades des hautes maisons aux balcons ciselés, aux fleurs mouvantes ; les fumées tordent leurs longs méandres charbonneux dans l'opale du ciel encombré de nuages ; là-haut, le peuple des cheminées,

peuple immobile et noir. O grande ville four-
millante avec tes magasins, tes vitrines, ton
luxe factice.....

LE PHILOSOPHE

Ta gaieté apparente et tes vices profonds.

LE JEUNE HOMME

Je me promène en roi, le cœur gonflé
d'amour.

LE CHRÉTIEN

Regarde : un corbillard passe lentement.

LE JEUNE HOMME

Qu'importe la mort ! Je suis las de réprimer
mes désirs. — Je veux tout abandonner au
hasard !

L'ARTISTE

La vue est le bonheur de la vie. — La femme
est ce qu'il y a de plus beau dans le monde.
Voir la femme est donc la plus grande joie,

grandes dames, ouvrières, tailles fines, nuques ambrées, seins mystérieux. Autant de natures diverses ; ce sont des corps et des âmes ; ce sont des passions. — C'est le charme de l'inconnu. O puissance de la beauté ! On admire le papillon, on écrase la chenille.

LE PHILOSOPHE

Le beau, le laid, le vrai, le bien, autant de chimères ! Soulève par la pensée les voiles qui couvrent ces chairs si vivantes. — Qu'y a-t-il sous ces parures diverses ? — Toujours le même corps, plus ou moins laid ! ce corps, c'est pourtant tout ce que tu dois demander à la femme et s'il te procure le plaisir immédiat ne te plains de rien. — Mais garde-toi de lui donner ton cœur. — La femme, c'est l'abîme sans cesse ouvert sous les pas de l'homme. — *Cave ne cadas !*

L'AME

Etre positif, c'est encore être vain!

. . . .

L'ARTISTE

Maintenant la pluie tombe à larges gouttes,
— les éclairs se reflètent dans les glaces des
palais ; — la rue ressemble au fond d'une
rivière boueuse ; le pavé humide reflète la
clarté du gaz.

LE PHILOSOPHE

La lumière se mêle à la fange.

. . . .

. . . .

LE JEUNE HOMME

Je n'ai vu que l'éclair de son œil noir!

LE PHILOSOPHE

Un regard! Un éclair, principe de l'amour
et de la vie!

LE JEUNE HOMME

J'ai senti sur mon cœur une morsure.....

L'ARTISTE

Se doute-t-elle de tout le charme qui est en elle? Cette belle fille marche comme si elle savait qu'un poète la contemple.

. . . .
. . . .

L'ARTISTE

Dans ce boudoir étroit, le parfum des fleurs artificielles aux feuillages pleins d'acides flotte autour des lourds rideaux. — Avec quel beau geste, prenant une torsade de ses cheveux cuivrés, elle les relève comme un casque sur sa tête orgueilleuse!..... Quelles rondeurs éblouissantes! Ce peignoir de soie légère fait encore ressortir la souplesse de ce corps aux tons nacrés sous la clarté du gaz cru implacable comme la destinée! — Les glaces multiplient cette vision.

LE JEUNE HOMME

Quelle richesse de sensualité!

. . . .

L'AME

Si, semblable à ce miroir, je ne gardais rien
des horreurs que je reflète!

LE PHILOSOPHE

La femme sourit jusque dans l'ignominie.

LE CHRÉTIEN

Effondrement, dégoût, voilà l'amour des
sens.

. . . .

L'AME

Maintenant, ce grand lit d'ébène m'effraye
comme un cercueil. Oh! ce corps étendu dans
son sommeil stupide. Elle dort sans remords.
— Pas d'âme. — Oh ! mon enfance, le jardin
plein de soleil et de lilas, de chants d'oiseaux,

le petit ruisseau où se miraient en tremblottant des clochettes blanches. — Pourquoi songer à cela? — Mon cœur est vide.

L'ARTISTE

Enfin, le jour qui filtre à travers les persiennes dessine une masse blanche dans la pénombre de l'alcôve.

LE PHILOSOPHE

Peu à peu tu découvres sur ce visage les ravages de la déception. — L'amour est un mal. — Il prend une belle créature et en fait un abîme de misère !

LE CHRÉTIEN

Si je pouvais arracher cette femme à cette vie infâme!

LE PHILOSOPHE

Va, l'eau du baptême peut couler sur ce front, elle ne le purifiera jamais!

L'AME

Partons ! Partons !

. . . .

L'ARTISTE

Quel air pur ! Comme les vagues de la rivière sautillent joyeusement avant de s'en-
gouffrer sous le pont ; les platanes du quai
secouent dans cet air frais leurs têtes blondes.

LE CHRÉTIEN

Regarde cette jeune fille qui passe calme et
sereine comme le jour.

L'ARTISTE

La tranche dorée de son petit livre de
prières brille dans l'aube violâtre.

L'AME

Je voudrais être encore innocente !

. . . .
. . . .

LA TRAHISON

LE JEUNE HOMME

J'ai attendu jusqu'au matin... elle n'est pas rentrée. Que les heures étaient longues ! La foule qui passe comme une ombre, les fiacres qui roulent toujours et s'éloignent dans la brume. — Quelle banalité et quelle souffrance !

LE PHILOSOPHE

Tu as vu cette lâche audace de la femme, ce sang-froid révoltant, — Toi, tu pleurais lâchement. — Elle voyait que tu souffrais et pourtant elle riait. Ne t'étonne de rien dans la vie : trahison, injustices, duperies, fausseté, détresses du cœur, accepte tout cela comme une nécessité et alors tu seras vraiment fort.

L'AME

Oh! l'amour dédaigné, quel supplice infernal!

L'ARTISTE

Les aiguilles d'or brillent à l'horloge de la cathédrale.

L'AME

Les heures sonnent également pour ceux qui dorment et pour ceux qui souffrent; les heures semblent tomber dans le passé chargées de pleurs et l'on entend, longtemps après, les vibrations : telle la pensée qui survit à une pensée profonde.

LE PHILOSOPHE

Illusions que tout cela!

L'AME

Voilà une heure qui a tout détruit. Dire que je lui avais pardonné!

LE CHRÉTIEN

Pardonne encore !

LE JEUNE HOMME

Penser qu'un autre a embrassé cette femme
que vous aimez, qu'un autre a senti ce corps
se pâmer de bonheur....... Tandis que tu souffrais, elle riait....., eh bien, c'est trop souffrir.
— Que mon vice égale le sien.

LE CHRÉTIEN

Ainsi le mal entre en nous !

. . . .
. . . .
. . . .

L'HABITUDE

LE JEUNE HOMME

Irai-je ? N'irai-je pas ?

L'AME

Quel tourment que l'indécision !

LE JEUNE HOMME

Fascination monstrueuse ! Se plonger dans la matière, s'oublier dans la sottise, quelle ivresse après les rêves énervants après les obsessions de la pensée, — je me complais dans ces visions. — Pourquoi ne pas la voir elle-même, la voir seulement !

L'AME

Quelle suggestion puissante !

LE CHRÉTIEN

Tu m'as juré de ne pas faiblir

L'AME

Plus la résolution est grande, plus grande est la tentation. Mais je résisterai.

LE PHILOSOPHE

Hypocrite !

LE JEUNE HOMME

La passion fermente.

LE PHILOSOPHE

N'est-ce pas que tu éprouverais une joie impie à te trahir toi-même! Pourquoi croire à la damnation et au salut spirituels? Qu'est-ce que le bien, qu'est-ce que le mal? Où est le vrai où est le faux?

LE CHRÉTIEN

Les démons te guettent et te tendent des pièges.

L'AME

Ce sont deux armées formidables qui combattent en moi : l'armée des pensées volontaires et l'armée des désirs. L'ennemi entre à l'improviste dans la citadelle du cœur; il y entre par trahison, par surprise, livre au pillage les trésors du bien péniblement amassés et ne laisse que ruines. Mais les pensées volontaires renaissent pour défier les désirs

abattus par la victoire même : — ainsi sans
fin ni trêve.

LE CHRÉTIEN

Mon Dieu faites souffrir le corps, mais sau-
vez l'âme.

LE PHILOSOPHE

Aberration !

LE JEUNE HOMME

Je tiens par toutes mes fibres au corps de
cette femme. Il y a de sa chair dans ma chair
et ma chair enfiévrée tressaille, palpite et me
crie : « Assouvis tes désirs dans des embras-
sements, étanche ta soif dans des flots de
passion. »

LE PHILOSOPHE

C'est ton droit. — Tu n'es pas responsable,
n'étant que le produit d'une certaine hérédité
développée dans de certains milieux.

L'AME

O ma volonté, reste-moi, reste virile et forte. Veille sans cesse, car l'ennemi n'attend que ton sommeil. Campe autour de moi ; garde-moi.

LE PHILOSOPHE

Les résolutions ne sont que des mots. — Devant la nature, la volonté de l'homme n'est qu'un brin d'herbe.

LE JEUNE HOMME

Je cède, j'obéis à une force invincible. — Je sais le chemin qu'il faut prendre pour arriver plus vite chez elle et, tout en marchant, je pense à ce que je vais lui dire... Voici la place avec ses arbres d'un vert clinquant, son jet d'eau ensorcelant, — là-haut, entre mille, la fenêtre, — la fenêtre fatale ; — le store est à demi baissé ; elle y est ! — Je m'engage dans

l'allée noire, froide comme un caveau, — le
sang me bat aux tempes..., je m'arrête. Dans
l'escalier les bruits de la rue bourdonnent
comme dans la spirale d'un coquillage. Je
vais donc la revoir, je toucherai ce corps, ce
corps, qui à lui seul est un monde, un monde
de corruption ! Je sonne... Un craquement du
parquet... Un babillage de la clef dans la ser-
rure..., la porte s'ouvre, — la voilà ! Un rayon
de chaude lumière, glissant entre les abat-
jour, enflamme son peignoir rose... Quand
elle se baisse, ses seins mouvants s'arrondis-
sent. — O femme, il y a, dans ton corps, tous
les appétits : — il ondule, se plie, se tord, se
glisse, se coule dans mes bras, s'enroule, se
redresse : c'est un serpent. — Son venin se
glisse dans mes veines et les enflamme. —
O monstre ! sois anéanti jusqu'à ce qu'il ne
te reste plus un désir !

L'AME

Me voilà terrassée ; me voilà en proie aux pensées dévorantes ! Mon corps, comme tu t'ébattais dans ces chairs sans pudeur, comme dans ta rage de révolté, tu me bravais insolemment, — le ver immonde insultait Dieu, le fou bavait sur l'Idéal. Et toi maintenant, amant du beau, toi chrétien, vous m'appelez à votre aide, vous voulez encore aspirer l'air pur et regarder le ciel. — Vous m'avez tous trahie. — Le sentiment de votre lâcheté vous suivra partout, vos jambes faibliront. — Je ne crois plus en moi-même. Rougissez dans votre honte, balbutiez dans votre égarement.

LE PHILOSOPHE

Tu vois bien que toutes tes résolutions sont vaines.

L'ARTISTE

Le soleil n'a plus d'éclat, les fleurs n'ont plus de parfum.

L'AME.

O les baisers menteurs ! Le dégoût va gran-dissant. — Il m'obsède, me martyrise ; mon cœur est navré.

LE JEUNE HOMME

Je m'enfuis dans la campagne. — L'odeur du vice m'y poursuit ; ma chair en est impré-gnée. — Ce souvenir me prend au cerveau !

LE CHRÉTIEN

Dieu veut que tu sois ton propre bourreau.

LE PHILOSOPHE

Mystique, ta religion n'est pas bonne puis-qu'elle te fait souffrir.

LE CHRÉTIEN

Allons ! être de fange, va dormir avec tes
vices.

L'AME

Mon Dieu, pourquoi avez-vous permis que
je sois aussi lâche, aussi misérable ? Pourquoi
m'avez-vous donné le sentiment du beau et du
bien et en même temps la soif du vice et de
l'horrible ? Pourquoi m'avez-vous donné un
esprit pour embrasser toute l'étendue de ma
décadence, cette vue qui me glace ? Pas un
coin de moi-même, qui ne soit une plaie. —
Faudra-t-il donc la mort ¡pour nous délivrer
du péché !

LE CHRÉTIEN

C'est l'expiation. Tu as eu la délectation du
mal, il est juste que tu souffres. Mais Dieu
t'est resté au fond et il combat encore pour
toi. Il te flagelle pour te ramener à lui. →

Accepte donc ta honte et ta faiblesse, — le péché
originel pèse sur tous. — Ce sont les défaites
qui font la victoire. — Tu ne seras vainqueur
que par la souffrance. Que ces remords te
préservent des fautes irréparables et des
désespoirs sans fin!

LE VIN

L'ARTISTE

Noël! Noël! Les cloches carillonnent dans
la brume, — le froid saisit ainsi qu'un renou-
veau poétique, — le vent souffle sur les rever-
bères et la flamme, qui tremble comme une
feuille, entrecroise de grandes ombres sur la
neige.

L'AME

O mes souvenirs d'enfance! L'arbre vert
qui touchait au plafond, l'odeur de la résine
et de la cire, les petites bougies roses, les noix

dorées, cette lumière céleste de l'espérance!
La taverne bourdonne, ruche illuminée! La
salle tourne avec ses lustres, qui m'entourent
d'un cercle de feux. — Je voudrais ressaisir
un rêve..., un beau rêve noir et blanc..., il me
fuit, m'échappe, m'agace en détours...

L'ARTISTE

Les mots sont une graine noire, qui germe
la nuit et produit des fleurs!

LE PHILOSOPHE

L'homme est fou quand il rêve: — l'homme
est donc fou la moitié de sa vie.

LE JEUNE HOMME

Oh! l'action, la santé, la vie! Être un Ro-
main de la conquête des Gaules, robuste, à
cheval, jambes nues au vent!

LE PHILOSOPHE

On peut lire sur ton visage le désarroi de

ton cœur. — Ton ennemi n'a rien à craindre de toi, tu faibliras dans la vengeance ; ton ami ne peut compter sur toi, tu trahiras ses secrets ; tu n'es ni croyant ni sceptique, ni fier ni humble, ni riche ni pauvre, ni bon ni mauvais, — mais, pour le moment, tu es ivre cela est certain. Voilà l'effet, — oui. — Mais la cause ?

L'AME

Je l'ai revue ! Elle a roulé plus bas, la malheureuse ! Il n'y a plus que de l'amertume au fond de son cœur, il n'en sort que le blasphème. — Quel spectacle horrible, plus horrible que la mort : la mort d'une âme ! — Quand on l'emportera dans un cercueil et que ses joues seront livides, aura-t-elle l'air plus triste ? — Je me plonge, je me noye dans ma misère.

LE CHRÉTIEN

Prends garde ! *Tu accumules les faiblesses.* —
L'arbre tombe du côté où il penche.

LE JEU

L'ARTISTE

La salle de jeu avec ses statues aux blanches nudités s'élève sur le rocher, semblable
à un temple. La grande voix de l'orchestre
lutte contre la plainte immense de la mer. —
Un steamer passe au large, ses fanaux allumés.

L'AME

Entrons !

L'ARTISTE

L'or chante de sa voix stridente comme les
cigales dans les pins, — le joueur frissonne
devant le tapis vert. — Par la fenêtre je vois
une pauvre femme qui passe courbée sous un

fagot de bois mort et tenant un enfant par la main.

LE CHRÉTIEN

Rouge ou noir! C'est la vie. — L'homme joue sa destinée. — La-boule roule toujours. — Rouge ou noir! Bonheur ou malheur. — L'équilibre se rétablit. — Chercher la vérité philosophique c'est chercher au jeu un système infaillible. — Au bout du compte, l'homme perd fatalement.

L'ARTISTE

Quelle femme superbe! Au corsage une branche de muguets; elle est coiffée d'une mouette aux ailes argentées. Ces tas d'or amoncelés devant elle comme du sable ont moins d'éclat que sa chevelure. — Sa petite main saisit, empoigne les louis qui frétillent et coulent entre ses doigts. — Cet or a sali le gant blanchâtre qui couvre tout l'avant-bras et laisse voir le coude nu avec une petite veine bleue. — Sur sa poitrine une broche en diamants brille comme l'eau de la mer au grand soleil. — Elle joue, debout, les narines frémissantes, ses yeux tantôt lancent des éclairs de leurs grandes prunelles fauves, tantôt à demi fermés, allongés et blêmes, semblent mourir. — Elle gagne ! Un frémissement au bout des doigts ; elle perd : une moue légère au coin de la lèvre. — Oh ! c'est le génie du jeu.

L'AME

Jouer c'est oublier ; c'est une armistice pour la conscience.

LE JEUNE HOMME

J'abandonnerais tout l'or qui roule sur cette table pour presser cette femme entre mes bras.

L'AME

Je voudrais l'emmener dans une île, la voir

'brûlée par un soleil torride, portant des far-
deaux, humiliée, en haillons, souffrant de la
soif, de la faim, je voudrais la voir abandonnée, pleurant, cette orgueilleuse, et alors
je la trouverais vraiment belle, alors, peut-
être, je l'aimerais.

LE PHILOSOPHE

Songe que cette femme se vend !

LE JEUNE HOMME

Jouer ! Jouer! Si je gagne...

L'AME

Quel tourbillon! Plus de pensées, plus
d'amour — Le monde moral est bouleversé —
les heures ne comptent plus — Dieu, es-tu?

. . . .
. . . .
. . . .

Je m'éveille avec un sanglot. — Ruinée! Je

souffre ! Je me retrouve ! La misère seule est
féconde.

LE CHRÉTIEN

Dieu existe, Dieu a fait des lois inflexibles :
— Tu gagneras ton pain à la sueur de ton
front.

LE CHATIMENT

LE JEUNE HOMME

Pauvre père ! Tu nous aimais tant et tu es
mort là tout à coup, sans consolation... Horreur ! tandis que tu souffrais ta nuit d'agonie,
moi, ton fils, je causais ta ruine. . . . .

. . . .

Comme ton visage est calme, souriant, —
je t'ai fait souffrir et tes lèvres muettes me
sourient ! Oh ! si je pouvais encore te demander pardon à genoux, te dire que malgré tout
je t'aimais bien. — Quelle punition ! quoi que
je fasse, que je pleure des jours et des nuits,
tu ne répondras jamais. Il est trop tard ! trop
tard ! Hier encore je pouvais obtenir cette
parole de pardon, cette parole qui m'aurait

délivré du remords. — Et c'est fini ! mes péchés m'ont condamné à le porter toujours et partout.

LE CHRÉTIEN

Oui, c'est le châtiment et il a fallu ce malheur, le plus grand de tous, pour te rappeler au devoir et te rendre la force. Tout est grand et solennel dans la vie, tout y est fatal, chaque minute compte, mais l'homme est bien misérable : c'est une pierre qui tombe dans l'eau profonde de l'Éternité ; le bruit de sa chute est plus ou moins retentissant, mais un instant après il n'y paraît pas davantage.

L'AME

Oui, nous venons au monde, nous aimons, nous souffrons et nous disparaissons; mais que deviennent nos larmes dans l'océan de l'Éternité?

LE CHRÉTIEN

La vie est un torrent qui bondit, écume et
se perd ; une part est limon, l'autre remonte
au ciel.

LE PHILOSÔPHE

Et s'il n'y avait rien au delà. — *Nihill*

LE CHRÉTIEN

Tout meurt dans la nature, tout s'éteint :
image de la vie de l'homme sur la terre. —
Tout renaît : image de la vie surnaturelle.

L'AME

Voilà le grand fauteuil où mon père lisait
près du feu. — Si je pouvais encore me pen-
cher pour l'embrasser. Mon père, tu parlais si
souvent de la mort, sans crainte, comme
d'une consolatrice.

O mon père, tu m'aimais, tu me conseillais
et que de fois je t'ai résisté, orgueilleux, in-

sensé. J'avais le cœur dur comme une pierre
et maintenant je fonds en larmes. Mais tu me
vois, n'est-ce pas, tu sais que je souffre, que
j'expie ma faute. — Révèle-moi les vérités
que tu connais à présent.

LE PHILOSOPHE

Apprends qu'on ne peut rien savoir.

L'AME

Oui, mon père, je retrouve en moi l'héritage
de tes pensées — Tu vis encore en ton fils et
je dois te retrouver. — Oui, la mort est belle.
— C'est elle qui délivre, qui purifie, qui jus-
tifie, qui réunit.

LE CHRÉTIEN

Le Seigneur a dit : « Je serai ta mort, ô
mort, et ta ruine, ô tombeau. »

LE SACRIFICE

L'ARTISTE

Regarde comme le soleil embrase ces flo-
raisons. — Abrité contre le vent par une haie
d'aubépines et couché dans les hautes her-
bes, entre les genêts qui s'élèvent comme de
grands arbres au-dessus de ma tête, je découvre le ciel bleu et, au loin, un immense hori-
zon. J'entends les longs mugissements du
vent dans les pins de la montagne; mais il
expire dans ces ramures en fleurs et ne m'ap-
porte que leurs parfums. — Une fauvette ba-
billarde gazouille sur un cerisier voisin et de
temps en temps becquette les pétales blancs
entourés de petites feuilles vertes. — Les insectes vont et viennent dans la lumière et le

grillon, caché dans l'herbe, poursuit son
chant; — dans la plaine, le laboureur aiguil-
lonne ses bœufs.

L'AME

Oh ! je retrouve donc un de ces moments
de rêverie si fréquents dans mon enfance. —
Tandis que j'écoute avec ravissement la voix
de la nature, j'oublie celle des passions ;
je goûte avec une joie immense ce calme et
cette sérénité.

LE PHILOSOPHE

Hélas! Tout espoir est vain.

L'ARTISTE

Un orage se prépare. — Dans l'air plus
lourd on entend bourdonner les insectes, —
là-bas, derrière la montagne, un nuage blanc
élève rapidement ses dômes de marbre; — il
grandit comme un rêve, il couvre de son
dôme toute la campagne assombrie. — Déjà

dans la plaine, sur les routes blanches, cou-
rent des tourbillons de poussière, — une
grande houle passe sur la cime des arbres du
vallon, l'épervier se balance comme une barque dans un golfe, les peupliers chuchotent
et semblent en se penchant se communiquer
leurs craintes, les blés naissants sont sillon-
nés de moires argentées, les fleurs du cerisier
voltigent comme une neige, la fauvette babil-
larde, après avoir poussé un cri plaintif, vient
s'abriter dans le buisson, le laboureur est
toujours dans le champ, là-bas. — Un éclair,
un grondement contenu, gros de menaces, de
larges gouttes de pluie et le parfum capiteux
qui s'élève de la terre : voilà l'orage.

. . . .
. . . .
. . . .

L'AME

Dans cette chapelle, quels longs gémissements! Puis, quels silences! Les plaintes de ces orgues immenses me pénètrent de recueillement.

. . . .

. . . .

LE JEUNE HOMME

Elle est toujours là, à genoux; je vois la merveille de sa taille et sa joue pure comme un lys..., mes mains tremblent, elle m'éblouit dans cette obscurité..., elle se lève et prend l'eau bénite.....

L'AME

C'était d'abord un sentiment léger qui avait germé comme ces graines ailées qu'emporte le vent; bientôt il a envahi ton cœur.

LE JEUNE HOMME

Je l'ai revue dans sa famille entourée des siens. — Que mon cœur battait avec force quand elle levait ses yeux sur moi. — Je me

suis retourné souvent vers la maison pour
voir entre les arbres du parc la clarté des
fenêtres — puis j'ai marché à travers les
rues désertes du village et je voyais toujours
son regard !

L'AME

Je nage dans l'harmonie universelle. Enfin,
je suis heureuse. — Sa vue a chassé l'obses-
sion esthétique, le passé est oublié, les vieux
nuages se sont enfuis.

LE PHILOSOPHE

Te voilà donc ensorcelée ; après dix ans
d'amour déçu, d'espérances trompées, tu
en es encore là : aimer ! — C'est le besoin de
tes sens qui te fait trouver belle cette fillette.

L'AME

Oui je l'aime ! Tout ce que je gardais au
fond du cœur de tendre et de dévoué s'épan-
che et vient fermer les blessures anciennes.

LE CHRÉTIEN

Il te fallait toutes les souffrances pour com
prendre ce bonheur.

L'ARTISTE

Fou d'inspiration, je bois le charme de la
nuit sans pouvoir tarir les pensées qui tom-
bent du ciel larges et brûlantes comme les
premières gouttes d'une pluie de printemps.
— Le clair de lune dessine l'ombre des fleurs
dans la prairie que ses pieds ont foulée et les
nuages de gaze semblent une ronde de jeunes
filles avec les étoiles pour diamants dans le
grand salon du firmament tendu d'azur pro-
fond. Tandis que les oiseaux dorment la tête
ployée sous leur aile, ma pensée embrasse la
nature.

L'AME

Oui la nuit augmente mon amour. — Je
revois toujours la forme de ses lèvres, ses

gestes modestes, sa démarche. — C'est une pensée pure comme l'air qui a passé sur la neige. — Oh ! je la vois endormie dans son innocence ! C'est pour elle que les rossignols chantent là-bas dans le grand bois.

LE PHILOSOPHE

Quand tu auras possédé la jeune fille, le dégoût viendra, le rêve s'envolera et tu seras enchaîné ! Adieu la liberté, l'amour de ton art, les visions de gloire; au lieu de l'exaltation de ton être, l'affadissement d'un mets toujours semblable.

L'AME

Laisse-moi tranquille avec tes terribles choses. — Tu me glaces et je sens que tu me perds. Laisse-moi donc aimer doucement : c'est ma vie : aimer c'est le grand mystère, c'est l'éternel miracle. — L'amour peut d'un atome faire un monde. C'est une joie immense,

si grande que je ne puis la garder en moi.
Mon Dieu, mon Dieu, permettez-moi d'aimer.

LE CHRÉTIEN

L'amour pur n'offense pas Dieu.

LE PHILOSOPHE

Oh le mariage ! Des enfants ! Les soucis.
— Prends les avantages de la nature et de la
société. — Répudie les servitudes !

L'AME

Egoïste !

. . . .

Quelle promenade délicieuse ! Nous mar-
chions en réveillant les papillons endormis
sur les fleurs. — Nous avons découvert un
nid de fauvettes dans le buisson d'églantines.
Un peu lasse elle s'était appuyée sur mon
bras..., j'ai pressé sa main. — Elle sait que
je l'aime...., elle m'aime.

LE JEUNE HOMME

Oh! l'amour d'une vierge ! Boire à longs traits à cette source fraîche et pure !

LE PHILOSOPHE

Prends-la, possède-la ! La séduction de cette femme te vengera des autres.

LE CHRÉTIEN

Elle t'aime. — Tu as troublé son cœur. — Mais ne sens-tu pas avec émotion que sa vie est entre tes mains? — Un mot peut perdre une âme ! Elle t'a sauvé des longues tristesses, des mornes désolations : tu lui dois la raison, le bonheur, la vie et tu la perdrais en échange; Nous marchons accablés par nos péchés et nous pensons alléger le fardeau en transmettant la corruption. Tuer une âme ! quel forfait ! — Les souffrances t'ont fait connaître et sentir la misère de la vie; pouvant faire le mal fais le bien.

L'AME

Ce qui est pur s'unirait à ce qui est corrompu! Profanation! Il y a trop de fange en
toi. — Fuis! Fuis avant qu'il ne soit trop tard!
Non, ma main souillée ne cueillera pas cette
rose.

LE PHILOSOPHE

Etre bizarre et contradictoire, maintenant
tes pensées d'amour crèvent comme des bulles de savon. Ton cœur est usé. Voilà le résultat de l'éternelle analyse !

L'AME

Je me sacrifie. — Un sentiment divin s'empare de moi.

. . . .

. . . .

Le dernier beau jour est écoulé. Je m'enfuis. Ses grands yeux rayonnaient jus'quau fond de mon cœur. Oh ! j'aurais voulu lui dire mille choses et je ne pouvais prononcer un mot. — Maintenant j'ai franchi le seuil de cette demeure enchantée. La voiture roule sur la grande route ; de temps en temps, j'aperçois encore le clocher de la chapelle qui semble me rappeler..., et je la revois toujours : ses cheveux flottent sur ses épaules et le vent joue avec les plis de sa robe... J'entends ces voix qui venaient me frapper au cœur, ces rires..., oui je revois tout cela !

LE PHILOSOPHE

Et tout ce bonheur est déjà loin.

L'ARTISTE

Regarde comme ces blés ondoient au soleil
Les grillons chantent dans les vallons !

. . . .

. . . .

. . . .

L'AME

J'ai rêvé que j'étais encore dans ces montagnes si chères ; j'entendais les hirondelles passer en sifflant, la cloche lointaine de la chapelle...; en ouvrant les yeux j'ai vu des murs gris ; le murmure de la grande ville me faisait croire au bruit des champs. Maintenant il me semble que je suis seule au monde ; mais sa pensée reste en moi comme un ange gardien. Avec le souvenir nous emportons le passé à travers l'avenir !

LE CHRÉTIEN

L'amour allume le flambeau de sa vie à l'éternité.

ÉPILOGUE

LE CHRÉTIEN

Cette colline s'élève vers le ciel comme une pensée pure. — J'aime ce *Chemin de Croix* bordé d'arbres à demi effeuillés, d'où l'on découvre toute la ville. Tous ces cris discordants de joie ou de douleur ne forment ici qu'un chœur harmonieux ; ainsi des troubles de l'âme.

L'AME

Mon enfance m'apparaît là-bas, là-bas, bien loin, dans un nuage rose. Mais que de parcelles du cœur, que d'amour semés dans toutes ces rues , que d'émotions perdues, que d'espérances devenues des regrets. — Où est

le temps des rendez-vous ardents, des atten-
tes fiévreuses ?

LE PHILOSOPHE

Les feuilles se détachent sans bruit du ra-
meau qui les a portées au printemps : ainsi
devaient tomber nos illusions.

LE CHRÉTIEN

Tu as gravi péniblement les rudes degrés
de l'expérience, découvrant à chaque étage
un coin du ciel par une étroite fenêtre ; puis,
replongé dans l'ombre, déçu, tu as repris ton
ascension. Enfin, tu es venu frapper à la
porte sublime de l'Idéal.

L'ARTISTE

Oui, tout a passé comme un torrent, mais
mon idéal a survécu ; c'est un diamant inal-
térable qui ne peut être rayé que par lui-
même. — L'œuvre absolue est irréalisable. —

Nos idées sont semblables à ces beaux oiseaux exotiques aux changeantes couleurs, qui
voltigeaient, en chantant, dans les bois, et
qui, artistement empaillés, perdent leur éclat.
— Mais, ô nature, je te contemple, je te sens,
je te respire, je t'aime. Maîtresse qui rajeunis
chaque année, tu me rajeunis aussi, toi qui
es toujours égale à ma fantaisie.

L'AME

Maintenant que mon orgueil est anéanti,
maintenant que je sens le néant des choses,
la vanité de tout, je m'abandonne au courant
comme un nageur épuisé.

LE PHILOSOPHE

Le rêve une fois détruit, si les débris se dis-
persaient comme la poussière au vent du ciel !
Mais, non ! Je garde tout, comme l'Océan
dans ses tempêtes engloutit les navires char-
gés d'or, qui ont fait naufrage : la surface re-

devient tranquille et reflète le ciel, mais, là-
bas, au fond de l'abîme où il fait toujours
nuit, mon regard plonge et découvre des ca-
davres grimaçants. — Il y a des paroles qui
sonnent à l'oreille comme un glas de détresse;
c'est la voix des abandonnées qui ont péri en
s'embarquant sur ce gouffre ; leur dernière
parole a été une malédiction ; leur souvenir
se décompose en nous et empoisonne tout.
Oh ! ce lugubre défilé des ombres !

LE PHILOSOPHE

Cette pensée, cachée en toi, comme le ver
dans le fruit, se trahit à l'extérieur et fait que,
malgré toi, ton sourire s'achève en grimace ;
il y a déjà dans ce sourire quelque chose de
la mort !

L'AME

Oui, depuis que la pensée de Dieu s'en est
allée, depuis que je ne le sens plus là, ma vie

est presque la mort et le monde est vide comme mon cœur. — Tout a passé comme un torrent. — Nous poursuivons ardemment ce qui, plus tard, doit faire notre malheur. — Nous quittons une branche d'épines pour en prendre une autre, et nous portons tous les traces de nos fautes. Je souffre encore de tant de choses à la fois. — A peine suis-je délivrée d'une incertitude, qu'une autre surgit ; je porte toujours une vague peine intime, un poids douloureux. — D'où vient-il ?

LE CHRÉTIEN

Il y a en toi des remords, des doutes, des espérances, de l'ambition. Tu traînes encore des restes de souillures anciennes. — Mets le feu dans cette terre encombrée de plantes vénéneuses. — Remue cette argile et sèmes-y le bon grain. Puis, supporte fièrement ta peine, car ce corps enfiévré sera bientôt plus insen-

sible qu'un marbre ; si, par hasard, dans le
monde, au milieu d'un festin, la pensée te
mord plus cruellement, songe que c'est l'expiation nécessaire ; mais, surtout, fuis le
monde, le monde qui crée le mal et abuse de
la sincérité.

LE PHILOSOPHE

Va, la vie est horrible. Le monde est un
cahos de passions, de souffrances, de crimes.
— Tu n'y peux rien changer.

LE CHRÉTIEN

'Fais ton devoir, tu ne seras plus malheureux : le sentiment religieux peut seul te donner la force d'accomplir dignement ta destinée.

LE PHILOSOPHE

Descends au fond de toi-même et dis-moi si
tu n'y trouves pas l'arrière-pensée que tout
cela n'est qu'une fable ?

L'AME

Qui choisir, qui croire ? Je suis le jouet de l'illusion ; mon enthousiasme se dépense en pure perte. Quand serai-je délivrée de l'incertitude, du mensonge ? Quand, m'élançant hors de ces brumes dans la lumière, verrai-je de haut ? Quand serons-nous bons et justes ? Il faut clore ce long débat. — Pourquoi revenir sans cesse sur ce vieux thème ? Tu n'en sauras jamais plus qu'aujourd'hui. — Choisis : pour ou contre. Il est temps d'accomplir ta mission d'homme.

LE PHILOSOPHE

A quoi bon être juste, s'il n'y a pas de justice éternelle ?

L'AME

Tais-toi, esprit du mal ; je me sens immortelle et j'ai besoin de croire. — Dès que je ne

crois plus, je me vois déshéritée. — Sans
Dieu que sommes-nous?

LE CHRÉTIEN

Dieu, malgré nous ou plutôt avec nous,
nous mène à ses fins ; c'est en vain que nous
nous fatiguons sans lui; la philosophie et la
poésie sont impuissantes à guérir un cœur
malade. Humilions-nous donc devant Lui; le
temps passe emportant avec lui les joies, les
peines, la santé, l'honneur, la fortune : Dieu
ne passe pas! Voilà la croix, l'unique salut.
— Levez les yeux vers elle, vous toutes qui
souffrez, âmes pleines d'angoisses, perdues,
errantes dans la nuit de la vie, vous toutes,
martyres, dont les sanglots ne trouvent pas
d'écho dans le monde, vous toutes dont le
cœur est plein d'amertume et de détresses,
regardez la croix qui brille.

L'AME

Dieu ! *C'est l'écho qui, du fond de l'abîme,*

répond à ma voix. Dieu ! ces quatre lettres remplissent le vide qui était en moi. Mon Dieu ! calmez nos tortures ; lutter contre soi-même est chose horrible, et je ne trouve en moi que faiblesses, inconséquences, folies. Mon Dieu, je vous prie pour toutes les âmes que j'ai aimées, pour toutes celles qui souffrent ou qui souffriront ; réunissez ces poussières dans votre main. Donnez-leur un rayon d'amour, un rayon d'espérance !

LE CHRÉTIEN

Le fruit divin s'est détaché de l'arbre. Il est venu semer sur la terre l'homme parfait et régé-néré. — L'homme de bien tire de bonnes choses du trésor de son cœur, et aux fruits on connaît l'arbre.

L'AME

Le divin seul est absolu !

Imprimerie MOUGIN-RUSAND, rue Stella, 3, Lyon.

www.ingramcontent.com/pod-product-compliance
Lightning Source LLC
Chambersburg PA
CBHW061406060726
47597CB00003B/981